COLLECTION

DE FEU

M. JACQUINOT-GODARD

CONSEILLER HONORAIRE A LA COUR DE CASSATION

CINQUIÈME VENTE

OBJETS D'ART

ET DE CURIOSITÉ

Mᵉ CHARLES PILLET & Mᵉ EUGÈNE ESCRIBE

Commissaires-Priseurs

M. MANNHEIM

Expert

CATALOGUE

D'OBJETS D'ART

ET DE CURIOSITÉ

Chinoiseries diverses; Laques de Chine et du Japon; Armes orientales et
autres; Porcelaines de Sèvres, de Saxe, de Chine et du Japon;
Bronzes d'art et d'ameublement; Marbres sculptés et
Matières dures; Meubles divers;

TABLEAUX

Par et d'après différents Maîtres

PASTELS, DESSINS ET AQUARELLES

FAISANT PARTIE DE LA COLLECTION

De feu M. JACQUINOT-GODARD

Conseiller honoraire à la Cour de Cassation

DONT LA VENTE AURA LIEU

HOTEL DES VENTES MOBILIÈRES

RUE DROUOT, N. 5

SALLE N° 5, AU 1er

Les Lundi 28, Mardi 29, Mercredi 30 et Jeudi 31 Mars 1859

A UNE HEURE

Par le ministère de Me **CHARLES PILLET**, Commissaire-Priseur.
Succr de M. Bonnefons de Lavialle, rue de Choiseul, 11,
Et de Me **EUGÈNE ESCRIBE**, Commissaire-Priseur, successeur de
MM. **POUCHET** et **RIDEL**, rue Saint-Honoré, 217.
Assistés de M. **MANNHEIM**, Expert, Marchand de Curiosités,
rue de la Paix, 10

EXPOSITION PUBLIQUE

Le Dimanche 27 Mars 1859, de 1 heure à 5 heures.

1859

CONDITIONS DE LA VENTE

Elle sera faite au comptant.

Les acquéreurs paieront, en sus des adjudications, CINQ POUR CENT applicables aux frais.

Le Catalogue se distribue :

A PARIS: Chez Me **CHARLES PILLET**, 11, rue de Choiseul ;

Me **EUGÈNE ESCRIBE**, 217, rue Saint-Honoré ;

M. **MANNHEIM**, 10, rue de la Paix ;

A LONDRES :   M. **DURLACHER**, New-Bond street, 113.

MM. **ANNOOT** et **GALE**, 16, Old-Bond street.

PREMIÈRE VACATION

Le lundi 28 mars 1859.

DÉSIGNATION

DES OBJETS

Chinoiseries.

1 — Coupe ronde à couvercle, sur piédouche et plateau, en bronze doré entièrement recouvert de filigrane d'argent, et fleurs et ornements en relief émaillés.

2 — Vidrecome en bambou, à mandarins et paysages sculptés et repercés à jour, monté en argent doré à anse, et couvercle repoussé.

3 — Coupe en corne de rhinocéros, sculptée à fleurs et branchages en relief et à jour.

4 — Coupe en corne de rhinocéros, à mandarins, paysage et arbres sculptés en bas-relief.

5 — Joli flacon en émail cloisonné, fleurs variées de couleurs sur fond bleu-turquoise.

6 — Coupe ronde en bronze du Tonkin à médaillons, fleurs sur fond or, supportée par un joli groupe de trois figurines de femmes en bronze doré, et sur socle en porphyre rouge oriental.

7 — Coupe ronde en bronze, à ornements gaufrés inscriptions arabes.

8 — Petite boîte ovale à trois compartiments en beau bronze du Tonkin, fruits et fleurs de différentes couleurs sur fond or.

9 — Boîte ovale à opium, à miniatures, mandarins dans des paysages, peintures très-fines de couleurs variées, montées en ivoire.

10 — Deux boîtes en marqueterie du Bengale, une à cartes de visite, l'autre à marques de jeu.

11 — Trois pièces : une tasse en palmier sculpté en relief, une cuillère en ivoire et une trousse chinoise contenant ses ustensiles.

12 — Groupe en bois sculpté, Chinois assis sur un crapaud.

13 — Poussah à grosse bedaine, figurine debout, sur
terrasse à feuillages à jour ; le tout en ivoire
sculpté.

14 — Jolie statuette de mandarine en ivoire sculpté et
colorié en partie.

15 — Statuette en ivoire sculpté, Serviteur indien.

16 — Mandarin et mandarine en ivoire sculpté sur terrasse en bois sculpté à branches à jour.

17 — Deux figurines de femmes chinoises, couchées né-
gligemment.

18 — Figurine de mandarin, en ivoire sculpté et colorié
en partie.

19 — Trois petits groupes de deux figurines chaque,
mandarin et mandarine en ivoire sculpté.

20 — Boule en ivoire sculpté à jour, à ornements et fleurs
en relief coloriés, et en contenant plusieurs autres
prises dans le même morceau ; ouvrage de tour.

21 — Belle pomme de canne en bronze du Tonkin, à
beaux ornements, fleurs et oiseaux sur fond
doré.

22 — Plateau carré-arrondi en ivoire, à fleurs et insectes
sculptés en relief et coloriés; travail très fin.

23 — Manche d'ombrelle, tête d'aigle tenant des fruits et
feuillages dans son bec, en ivoire sculpté.

24 — Trois pièces en ivoire sculpté, dont deux plaques
en ronde-bosse et à jour, kiosques ornés de mandarins, arbres, etc., et une petite amulette à
table compteur.

25 — Chasse-mouches à manche en ivoire sculpté.

26 — Manche d'ombrelle en ivoire sculpté, à fleurs et
animaux chimériques.

27 — Deux boîtes carrées en ivoire sculpté en relief et
en nacre de perle, contenant le jeu appelé casse-
tête chinois.

28 — Coffret carré-long en nacre de perle à fleurs gra-
vées et repercées à jour.

29 — Vase applique en pierre de lard, à mandarins en
relief.

30 — Belle statuette en pierre de lard, mandarine en costume à ornements finement gravés et dorés, et
posée sur un rocher à jour.

31 — Belle figurine en pierre de lard, mandarine couverte d'ornements gravés, et portant un panier
de fruits.

32 — Mandarin en pierre de lard blanchâtre, posé sur
socle noir, le tout à ornements finement gravés
et dorés.

33 — Figurine de mandarine en costume très-riche, portant un rouleau et un chapelet, sa robe bordée
de beaux ornements gravés et dorés, sur rocher
rougeâtre; le tout en pierre de lard.

34 — Mandarin en pierre de lard, portant un rouleau,
posé sur un rocher, et près de lui un enfant
accroupi.

35 — Mandarine couchée, en pierre de lard.

36 — Grand rocher en pierre de lard, orné de kiosques,
figurines et animaux.

37 — Rocher à arbre repercé à jour, en pierre de lard,
et orné de figurines de mandarins en bas-
relief.

38 — Trois pièces : un flacon, une tasse et sa soucoupe
et une petite boîte triangulaire, en pierre de
lard, sculptée à fleurs en relief sur fond gravé et
doré.

39 — Quatre pièces en pierre de lard : deux cachets et
deux petits chiens.

40 — Tasse en pâte de riz à deux anses.

41 — Grande cuvette et pot à eau, en bel émail de Chine,
fond bleu, et fleurs et fruits de couleurs variées.

42 — Vase applique, à deux anses, émail de Chine, à
beaux ornements de couleurs variées.

43 — Six porte-tasses, cuivre émaillé, fond gros bleu et
fleurs coloriées.

44 — Trois pièces : plateau, théière et boîte à thé, émail
de Chine, fond bleu et fleurs coloriées.

45 — Deux petits vases crachoirs en émail de Chine, fond blanc et fleurs de couleurs variées.

46 — Trois pièces en émail de Chine : un plateau rond et à lobes, un petit bol et une soucoupe à fleurs et ornements.

47 — Miroir métallique chinois dans sa boîte en laque.

48 — Grand tableau carré, paysage, travail chinois sur pierre schisteuse à plusieurs couches.

49 — Boîte à jeu, forme carrée, contenant ses petites boîtes et fiches en nacre de perle sculptée à fleurs et repercées à jour.

40 — Une coquille à bords sculptés, à mandarins, fabriques et paysages repercés à jour.

51 — Deux petits tableaux carrés sur étoffe, peintures très-fines, composés de quantité de personnages chinois, cadres en bambou.

52 — Petite glace portative à bordure en écaille, et, au revers, deux figurines, petit Chinois chantant et mandarine dansant, en ivoire sculpté à bas-relief et peint.

53 — Trois médaillons ronds, princes indiens, finement peints et rehaussés d'or sur ivoire.

54 — Trois flacons chinois, dont deux en pâte de riz et un en verre, orné de peintures de magots à l'intérieur.

55 — Trois bracelets, dont deux en cuivre, ornés de pierreries, et un laqué rouge et or.

56 — Deux objets, un étui à aiguilles en écaille sculptée, à dragons en relief, et une béquille de canne, dauphin en nacre de perle.

57 — Trois objets, une serrure en cuivre, travail chinois, une pipe à opium, et un bâton en acier aimanté dans son étui.

58 — Noce et fête chinoises, peinture sur un rouleau.

59 — Une boîte en bois, contenant des peintures diverses sur talc, etc.

60 — Une boussole chinoise et un écran-éventail en nacre de perle gravée.

61 — Six peignes, dont un en écaille laquée, à fleurs dorées.

62 — Trois socles en bois sculpté, formes diverses.

63 — Une cage en bambou, travail chinois.

64 — Deux tabatières rondes en laque de Chine rouge, dont une à lion et fleurs, l'autre à mandarins.

65 — Deux grandes tabatières rondes en écaille, sculptées en haut-relief, sujets chinois, mandarins, kiosques, etc.

66 — Tabatière ovale forme aplatie, en beau bronze du Tonkin, à fleurs et oiseaux en relief sur fond damasquiné or.

67 — Jolie boîte ronde en émail de Chine, fond bleu-turquoise, à fleurs, dragons et ornements émaillés de couleurs variées.

68 — Dragon à ailes et langue mouvantes, travail chinois, orné de quantité de perles, turquoises et coraux.

69 — Deux tableaux chinois, peints sur verre, sujets champêtres, d'après Boucher.

Laques.

70 — Boîte à bijoux, forme carré-long, en laque du Japon, fond aventuriné, paysages et fleurs dorées.

71 — Boîte carré-long en laque noir, à rubans aventurinés et ornements francs-maçonniques dorés.

72 — Deux cantines, formées chacune de deux boîtes carrées accollées, contenant, à l'intérieur, leurs plateaux et petites boîtes, recouvertes de leurs enveloppes et posées sur leurs petites tables; le tout en laque de Chine, fond noir et dessins dorés.

73 — Deux boîtes de forme cylindrique, en laque du Japon, à plusieurs compartiments, dont l'une à fond aventuriné, l'autre à fond noir et dessins dorés.

74 — Deux boîtes en laque, dont une forme œuf, fond noir et rosaces dorées; l'autre ayant son enveloppe, et petits tiroirs à l'intérieur dorés et aventurinés.

75 — Deux petites pièces en laque; Divinité chinoise, en bois sculpté dans son enveloppe ou chapelle; et une boîte ronde.

76 — Coupe ronde et son couvercle, modèle crachoir, en
laque rouge, à fleurs et feuillages en relief, sur
socle en bois sculpté à jour.

77 — Boîte, forme carré-arrondi, en laque rouge, à
figurines chinoises et fleurs en relief sur fond
gaufré.

78 — Boîte carrée, porte-allumettes en laque brun, à
paysages et inscriptions en relief.

79 — Boîte formée de deux grenades accolées, en laque
rouge gaufré ; contenant deux boules sympa-
thiques.

80 — Six pièces en laque : quatre assiettes, une tasse et
sa soucoupe, un porte-mouchettes et ses mou-
chettes.

81 — Quatre pièces : deux boîtes à encre de Chine, laque
aventuriné ; une boîte sphérique, laque brun, et
une petite coupe en laque rouge.

82 — Trois pièces en laque français, une assiette et deux
petites coupes fond or, et dessins coloriés.

83 — Un grand étui à couteaux, en laque du Japon burgauté.

84 — Autre étui à couteaux en laque burgauté.

85 — Assiette en laque noir burgauté sur porcelaine.

86 — Deux pièces : une théière et une cafetière, d'une
belle forme, en laque du Japon, fond noir, à
fleurs et oiseaux dorés.

87 — Deux pièces : une boîte à thé en laque burgauté, et une nacelle porte-allumettes.

88 — Une grande boîte à thé, forme octogone, en laque burgauté, contenant, à l'intérieur, des figurines costumées en mandarins, etc.

89 — Un jeu de quatre petites tables en laque de Chine, fond noir et dessins dorés.

90 — Seize médaillons, bustes dorés sur fond laque noir du Japon. Seront vendus par lots.

91 — Vue de Vienne, sur laque doré sur fond noir, et une plaque carrée en laque burgauté, dans un cadre doré.

92 — Deux boîtes rondes en laque doré, sur fond noir, l'une en tôle, l'autre en laque de Chine.

93 — Trois pièces en laque, dont deux tabatières et un carnet de visite.

94 — Tric-Trac en laque burgauté.

Armes orientales et autres.

95 — Grand yatagan à poignée niellée, et fourreau en argent repoussé, à fleurs et trophées d'armes. Travail de Constantinople.

96 — Sabre persan, lame damas, croisillon en argent.

97 — Sabre indien à lame large et droite, et poignée en
cuivre argenté. Retiré du petit bras de la Seine,
près Neuilly, en 1825.

98 — Sabre kabyle, lame étroite et gravée, poignée en
cuivre à ornements ciselés.

99 — Grande hache d'exécution, gravée des deux côtés,
guerrier décapitant un homme agenouillé, et
guerrier près d'un homme pendu à un poteau,
à blason et monogramme.

100 — Quatre épées oxydées trouvées dans la Seine, dont
une Louis XV, en argent.

101 — Poignard persan, lame en damas, poignée en jaspe
vert, sculpté à tête de cheval et fourreau en velours
rouge, garni en bronze doré.

102 — Poignard ayant appartenu au mameluck Roustan,
qui l'avait reçu de l'empereur Napoléon Ier; à
lame damas à la lettre N couronnée, poignée en
jaspe vert, et fourreau en vermeil gravé à
fleurs.

103 — Couteau persan, lame damas, manche en jade ver-
dàtre, fourreau en velours vert, garni d'argent
doré.

104 — Poignard malais à fourreau en argent repoussé, et
poignée en bois sculpté.

105 — Poignard malais à lame richement garnie d'argent
ciselé, trouvé dans la Seine.

106 — Poignard à poignée en agate sculptée, à tête
d'aigle.

107 — Poignard à poignée en corne de rhinocéros sculptée,
composition d'un groupe de trois figurines.

108 — Poignard moderne, poignée composée d'un sque-
lette en bronze, d'un très-beau modèle.

109 — Poignard à fourreau en fer repoussé.

110 — Couteau à manche en bois sculpté, figurine chimé-
rique, travail malais.

111 — Quatre pièces, dont deux poignards et deux misé-
ricordes.

112 — Trois pièces, un pistolet de salon, un poignard
oriental, et un poignard en carton-pierre.

113 — Couperet du xive siècle, à lame à ornements da-
masquinés d'argent, objet très-curieux et à inscriptions.

114 — Poignard à poignée en ivoire finement sculpté, à
ornements et bas-reliefs, fourreau en marqueterie
d'ivoire de couleur.

115 — Bouclier, forme écu, en fer repoussé, à l'aigle d'Al-
lemagne à deux têtes, et sujets divers dans des
cartouches.

116 — Hausse-col en fer, à choc de cavalerie en relief.

117 — Hausse-col en fer, Minerve assise sur un trophée
d'armes, et ornements à rinceaux gravés au ci-
selet.

118 — Éperon en fer forgé et ciselé, à ornements époque
Louis XIII.

119 — Garde d'épée de cour en acier ciselé, sujet de
chasse et damasquiné d'or.

120 — Trois belles coquilles d'épées en acier ciselé en relief, dont deux à batailles et une à rinceaux de
fleurs, époques Louis XIII et Louis XIV.

121 — Cartouchière en marqueterie d'ivoire, à rinceaux
d'une grande finesse, sur fond de bois.

122 — Amorçoir en corne de cerf, sculptée à bas-relief,
Hercule et le lion de Némée.

123 — Amorçoir, travail indien, en ivoire sculpté, à bas-
relief à animaux, etc.

124 — Poire à poudre en ébène, à figures en ivoire incrusté et gravé.

125 — Poire à poudre en acier bleui, et beaux ornements
à rinceaux et figurines diverses, gravés et dorés.

126 — Amorçoir persan en plomb, et ornements en argent
niellé.

127 — Poire à poudre en corne de cerf sculptée, à bas-relief. Chevalier agenouillé près d'une croix.

128 — Plaque de bonnet de grenadier, en cuivre repoussé,
garde nationale de Paris, 1790.

129 — Casse-têtes provenant d'une hache d'arme, en marbre
noir sculpté, à sujets bizarres, travail mexicain.

DEUXIÈME VACATION

Le mardi 29 mars 1859.

Porcelaines.

130 — Environ 160 lots, Porcelaines de Sèvres, de Saxe,
de Chine, du Japon et autres, montées et non
montées, tels que : Vases, Potiches, Groupes,
Figurines, Plats, Assiettes, Écuelles. Tasses, etc.,
qui seront vendus séparément.

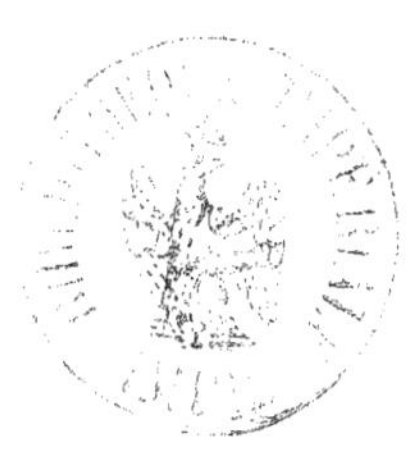

TROISIÈME VACATION

Le mercredi 30 mars 1859.

Bronzes d'art.

131 — Grand groupe en bronze moderne, par Gechter; Hussard français contre un Mameluk, combat de cavaliers; le Hussard cherche à enlever l'étendard des mains de son ennemi; sous les pieds des chevaux est renversé un Nègre. Larg. 53 c., Haut. 65 c.

132 — Groupe en bronze moderne, Diomède enlevant le palladium; socle en griotte rouge. Haut. 50 c.

133 — Figurine, baigneuse, bronze moderne; socle rond en marbre blanc. Haut. 30 c.

134 — Torse de Louis XIV, en costume romain, bronze oxydé trouvé dans la Seine, sur socle en marbre veiné vert de Corse. Haut. 23 c.

135 — Statuette de femme, en bronze, montée sur une sphère à inscription, sur socle en bois garni de marbre bleu-turquin. Haut. 28 c.

136 — Statuette en bronze italien, Antinoüs, sur socle rond, en marbre grand antique. Haut. 20 c.

137 — Statuette en bronze florentin doré, Mercure, d'après Jean de Bologne, sur socle carré en marbre noir. Haut. 25 c.

138 — Statuette en bronze florentin doré, Philosophe assis dans une pose méditative, ayant son pied droit posé sur une corne d'abondance d'où s'échappent des monnaies; chlamyde en albâtre oriental sculpté; socle et rocher en marbre portor. Haut. 23 c.

139 — Figurine en bronze italien, Minerve. Haut. 25 c.

140 — Statuette d'homme, en bronze, costume du temps de Henri II, ayant les bras étendus pour servir de flambeau, sur socle en marbre blanc. Haut. 20 c.

141 — Deux flambeaux anciens en bronze, à deux lumières, formés par des figurines d'hommes en costumes à crevés, XVIe siècle. Haut. 25 c.

142 — Flambeau ancien en bronze italien, formé d'un Amour posé sur un trépied à ornements à jour.

143 — Porte-gobelet en bronze doré, formé d'une figurine de Chasseur, tenant un vase à cariatides, de sa main droite. Haut. 17 c.

144 — Flambeau en bronze argenté, formé d'un groupe de femme et d'enfants, satyres sur pied triangulaire. Haut. 23 c.

145 — Lampe, modèle d'après l'antique, en bronze florentin, formée d'une tête de Satyre couchée, supportée par un trépied. Haut. 20 c.

146 — Buste de Femme en bronze florentin doré Haut.
15 c; sur socle carré en marbre portor.

147 — Figurine de Femme couchée, en bronze florentin
doré.

148 — Figurine d'Homme déguisé, en bronze doré, assis
sur un rocher en bronze.

149 — Figurine de Joueur de gobelets, en bronze doré ;
époque Louis XV.

150 — Deux figurines de Génies ailés, posés sur socles
carrés ornés de fleurs en bronze doré, et verni
de couleurs variées.

151 — Groupe très-fin en bronze ciselé, le Baiser d'Hou-
don, sur socle en marbre bleu-turquin.

152 — Deux petits bustes en bronze, tête d'empereur romain, et tête de divinité égyptienne.

153 — Une main et un pied en bronze moderne, parfai-
tement ciselé.

154 — Figurine en bronze antique, Silène dansant ; socle
en bois noir.

155 — Figurine d'après l'antique, Bacchante dansante.

156 — Deux figurines d'Hommes en bronze, provenant de
flambeaux, en costumes du temps de Henri II.

157 — Deux figurines en bronze; Satyre assis, ayant les mains attachées derrière le dos, et Avocat ayant une coquille d'huître dans chaque main.

158 — Deux petites pièces : Cavalier en bronze, et singe monté sur un taureau en bronze argenté.

159 — Deux heurtoirs en bronze florentin, formés de cariatides de Femmes.

160 — Lampe en bronze, formée de deux figures chimériques.

161 — Trois figurines dont deux en bronze; un Enfant couché et la Comédie, et la troisième, Hercule en fer.

162 — Deux pièces en bronze; un petit buste d'esclave, bronze antique dont les yeux sont en argent, et une figurine d'Harpocrate en bronze florentin.

163 — Trois petites cariatides de Femmes se terminant en Termes; xvie siècle.

164 — Trois pièces en bronze, une petite figurine de Chasseur, un petit moine accroupi, et un grotesque sans tête.

165 — Trois pièces en bronze, une tête de Lionne, un Trophée d'ornements et deux petits Chinois couchés.

166 — Quatre pièces, trois petits Lézards et un groupe de trois Hiboux en bronze.

167 — Deux pièces en bronze, dont un Aigle doré et deux
Serres d'aigle en bronze florentin.

168 — Deux socles carrés en bronze à bas-reliefs cariatides
de femmes ; style XVIᵉ siècle.

169 — Deux pièces en bronze florentin, un Cheval et un
Taureau, sur socles en bois à filets de cuivre.

170 — Levrette, joli bronze florentin sur socle en bois.

171 — Mandarine assise, bronze chinois sur rocher en bois
sculpté.

172 — Mulet en bronze chinois, sur rocher en bois sculpté.

173 — Biche en bronze chinois, sur socle en albâtre oriental.

174 — Deux pièces en bronze : porte-bougie forme gre-
nade en bronze chinois, et vase arabe en cuivre
gravé.

175 — Deux groupes en bronze moderne, par Fauginet.

176 — Deux groupes en bronze moderne, chasseur et jeune
fille assis jouant avec leurs chiens, fondus sur
porcelaine de Saxe.

177 — Trois pièces en bronze : une figurine de Vénus debout, petit génie ailé accroupi, et une petite sou-
ris à yeux en argent.

178 — Deux pièces : un petit tombeau dans lequel est
couché l'empereur Napoléon Iᵉʳ, et un coq en
bronze.

179 — Coffret à bijoux en bronze à bas-reliefs, figurines, ornements et médailles. Style du xvie siècle.

180 — Un vidrecome à panse à bacchanale en relief, en bronze argenté, et anse à cariatide d'enfant, et couvercle orné de pampres en bronze doré.

181 — Une aiguière en bronze ciselé, à anse cariatide, de femme ailée, à panse à bas-relief, triomphe d'Amphitrite, et riche d'ornementations. Haut. 43 c.

182 — Une aiguière en bronze, goulot à trèfle, modèle d'après l'antique.

183 — Petite aiguière en bronze argenté, couverte d'ornements et sujets en bas-relief, marche triomphale et bacchanale dans le style de la renaissance.

184 — Urne funéraire en bronze à bas-relief, guerrier blessé assis près de ses armes et de l'étendard fleurdelisé, à anses têtes de-chérubins et cartouche, aux lettres B. D. T., portant la signature de Jean Cousin, 1523; connue pour avoir été commandée par François Ier, et destinée à renfermer le cœur de Bayard. (Note de M. Alex. Lenoir.)

185 — Urne faite sur la précédente en galvanoplastie.

186 — Masque de l'empereur Napoléon Ier, après sa mort.

187 — Six bas-reliefs, sujets divers, bronze moderne. Seront vendus par lots.

188 — Seize bas-reliefs en bronze, contenus dans un cadre, sujets divers.

189 — Une figurine en fer fondu et ciselé, sur socle en marbre vert

Marbres sculptés et matières dures.

190 — Marbre blanc sculpté ; colonne lampadaire à canne-
lures, etc.

191 — Buste en marbre blanc sculpté, grandeur nature,
le premier président Molé.

192 — Buste en marbre blanc sculpté, grandeur nature,
Cicéron.

193 — Buste en marbre blanc sculpté, jeune fille, grandeur
nature.

194 — Quatre têtes en marbre blanc sculpté, grandeur nature, Henri IV, Catherine de Médicis et deux
personnages inconnus.

195 — Marbre blanc sculpté, épagneul couché, tenant un
vase de fleurs dans ses pattes ; sur plinthe en
brèche d'Alep.

196 — Marbre blanc sculpté, figurine de femme couchée,
sur socle en bois doré.

197 — Albâtre, deux petits enfants couchés.

198 — Marbre blanc tendre sculpté, petits bustes d'enfants, Jean qui rit et Jean qui pleure.

199 — Porphyre rouge oriental, statuette, nymphe couchée sur plinthe en bronze doré.

200 — Panthère couchée, sculptée sur jaspe de Sicile tigré,
sur plinthe en marbre vert antique.

201 — Chien d'arrêt, en rouge antique, sur plinthe en bleu turquin.

202 — Baromètre et thermomètre, sur une colonne en jaspe de Sicile jaunâtre, surmontée d'une figurine en bronze florentin doré, et socle en marbre vert de mer ; provenant de la Malmaison.

203 — Colonne trajane, en rouge antique, à sujets gravés autour et à inscription sur le socle.

204 — Obélisque en porphyre rouge oriental, sur socle en albâtre oriental.

205 — Marbre noir sculpté, femme assise sur un rocher, appuyant sa main sur une tête humaine; à ses pieds un crocodille.

206 — Marbre blanc sculpté, deux statuettes de femmes demi-assises.

207 — Marbre blanc sculpté en ronde-bosse, la Cène et Joseph vendu par ses frères, sous verres et cadres en bois noir. Monogramme X. H. 1775.

208 — Marbre blanc sculpté; lion couché sur des boucliers, copie du monument élevé en l'honneur des soldats suisses morts à Paris. Cadre à moulures en palissandre.

209 — Cérès couchée, sculpture sur albâtre.

210 — Marbre blanc tendre, médaillon ovale sculpté en bas-relief, conversation flamande d'après Metzu.

211 — Marbre blanc sculpté, deux médaillons en bas-relief, Catherine de Médicis et l'empereur Titus.

212 — Albàtre d'Italie, deux aiguières, anses à oiseaux.

213 — Marbre blanc, frise contenant trois médaillons, un aigle romain, et deux petits bustes en bas-relief.

214 — Coffret carré à bijoux, en diallage veiné vert et blanc, monté en bronze doré.

215 — Beau cadre en marbre veiné rouge des Pyrénées, sculpté à moulures, et contenant un dessin à la mine de plomb, tête de vieillard, par Nanteuil. Signé.

216 — Stuc romain, médaillon ovale, Amour sur un lion, peinture en grisaille sur fond brun. Cadre doré.

217 — Porphyre vert de Suède, petit vase forme évasée et sur piédouche.

218 — Sarcophage carré en marbre blanc sculpté, travail antique, à inscriptions et bas-reliefs, couvercle à volutes.

219 — Buste de l'empereur Napoléon Ier, couronné de lauriers, grandeur demi-nature, sur colonne carrée cannelée; le tout en marbre blanc sculpté.

220 — Environ cinquante socles carrés, ronds, plinthes, etc., en porphyre rouge oriental, en serpentin d'Egypte, en granit, en pudding, en vert de mer, etc. Seront vendus par lots.

Meubles divers et Bronzes meublants.

221 — Deux consoles forme carrée, en bois d'érable, à colonnettes cannelées, à frises et garnitures en bronze ciselé et doré, tablettes en marbre blanc; attribuées à Riesner.

222 — Un cabinet en ébène, à tiroirs à moulures.

223 — Grand et joli pupitre en ébène incrusté de fleurs et de rinceaux, en ivoire gravé. Largeur 84 c.; profondeur 60 c.

224 — Un jeu de tric-trac pliant, en ébène et ivoire et ornements très-fins en marqueterie. Travail vénitien du XVIᵉ siècle.

225 — Cartonnier ou bout de bureau, à tiroirs, en bois de Saint-Laurent et à sujets chinois, mandarins, etc., en étain marqueté et gravé. Époque Louis XIII.

226 — Grande console carrée en acajou, faite dans le style des monuments antiques, supportée par quatre haches de licteurs, et ayant un aigle aux ailes éployées en bronze doré au mat, posé sur une couronne de lauriers et armes, au centre de l'entre-jambes. Tablette en marbre blanc.

227 — Guéridon rond à trépied en acajou, tablette en racine de bois et marqueterie à ornements, et sous glace.

228 — Un dessus de guéridon de forme contournée, peint et
verni, concert composé de personnages cos-
tumés dans le style de Watteau.

229 — Grande et belle console à suspension en bois sculpté
et doré ornée de figurines et cariatides, le Temps
tenant sa faux, Flore et Cérès.

230 — Deux consoles à suspension à volutes à jour, ornées
de mascarons, en bois sculpté et doré en partie.

231 — Une jardinière en bois rose à pieds de biche, garnie
d'ornements en bronze.

232 — Une grande console carré-long, formant mon-
tre à bijoux, recouverte d'une glace, en acajou, à
filets et ornements en bois de citron incrusté, sur
pieds à colonnes torses.

233 — Un grand bureau carré, sur huit pieds, en bois violet, contenant 32 tiroirs pouvant servir à renfermer des tabatiéres, miniatures ou médailles,
dessus en marbre noir veiné de blanc.

234 — Un guéridon tournant, rond et à trois tablettes su-
perposées, en bois d'acajou.

235 — Deux encoignures de suspension à ornements dé-
coupés à jour, en bois violet.

236 — Pendule en marbre blanc sculpté, jeune fille sur
rocher, socle arrondi à canaux creux et orné de
bronze ciselé et doré au mat. Époque Louis XVI.

237 — Un grand cartel en bronze, à ornements style ro-
caille. Époque Louis XV.

238 — Deux grandes cassolettes en bronze doré en partie, montées à trépieds à têtes de béliers.

239 — Boîte carrée en bois sculpté à petites colonnes torses dans les angles et à ornements ogivaux en relief.

240 — Deux pièces en bois sculpté : chauffrette flamande, et tirelire forme carrée à bas-relief.

241 — Boîte à thé de forme carré-long, en racine de bois, marquetée à ornements très-fins. Époque Louis XVI.

242 — Boîte, marqueterie nacre sur écaille. Travail de Constantinople.

243 — Porte-fiches en écaille et ornements incrustés de nacre.

244 — Boîte à ouvrage, marqueterie des trois parties.

245 — Trois socles, dont un genre Boule et deux en verre peint sur fond doré et montés en bois noir.

246 — Boîte carrée à flacons, en nacre garnie d'acier et ornée de cinq vues de Vienne gouachées. Travail de Vienne.

247 — Quelques morceaux d'étoffes et soieries anciennes. Seront vendus par lots.

QUATRIÈME VACATION

Le jeudi 31 mars 1859.

TABLEAUX

ACHTSCHELLINGS (Lucas).

248 — Paysage.

ALBANE (école de l').

249 — Diane et ses nymphes, à la chasse.

BERGHEM (Nicolas).

250 — Passage d'un gué.

BOQUET (Pierre-Jean).

251 — Deux paysages et cours d'eau ; nymphes se bai-
gnant et animaux à l'abreuvoir.

BOS (Jerôme).

252 — Triptyque, sujets saints.

BREUGHEL (Jean).

253 — Paysage coupé par des canaux.

BROWER et VAN HECKEN.

254 — Kermesse, intérieur de cabaret.

BRUANDET.

255 — Paysage.

BUDELOT.

256 — Grand tableau; Musée des Petits-Augustins, Monuments dans le jardin.

CLOUET, dit JANET.

257 — Très-joli portrait d'Éléonore de France et de Portugal.

DU MÊME.

258 — Portrait de Marie Stuart.

COYPEL.

259 — Jeux d'enfants.

CREPIN.

260 — Petit paysage et chute d'eau.

DURER (attribué et signé ALBERT).

261 — Le Christ à la colonne.

ÉCOLE FLAMANDE.

262 — Moine à sa toilette.

DE LA MÊME.

263 — Paysage bizarre formé par une tête d'homme couchée et vue de profil.

ÉCOLE FRANÇAISE.

264 — Paysage orné de figures.

DE LA MÊME.

265 — Paysage et animaux.

DE LA MÊME.

266 — Vue du pont Tournant sur la place Louis XV.

DE LA MÊME.

267 — Les trois Grâces.

DE LA MÊME.

268 — Portrait de Gabrielle d'Estrée.

DE LA MÊME.

269 — Jeune femme, effet de lumière. Dans la manière
de Schalken.

EYSEN.

270 — La Nativité, tableau très-fin.

GUIDE (d'après le).

271 — Enlèvement de Déjanire.

HOLBEIN (école de).

272 — Tête d'homme coiffé d'un béret.

DE LA MÊME.

273 — Tête d'homme.

INCONNU.

274 — Femme jouant de la guitare.

INCONNU.

275 — Portrait de Philippe le Bon, duc de Bourgogne.

INCONNU.

276 — Portrait d'Élisabeth d'Autriche.

INCONNU.

277 — Deux portraits : Henri de Lorraine et le duc de
Guise.

KESSEL (Van).

278 — Deux petits tableaux, reptiles, etc.

LACROIX.

279 — Deux marines formant pendants.

LARGILLIÈRE.

280 — Portrait de grande dame.

DU MÊME.

281 — Portrait de grande dame.

MEULEN (Van der)

282 — Choc de cavalerie.

MIGNARD.

283 — Joli portrait de Mme de Sévigné.

DU MÊME.

284 — Portrait de femme.

LE MÊME (d'après).

285 — Sainte Catherine.

MOL (Van).

286 — Femme sortant du bain.

MOLYN.

287 — Paysage et marine.

MURILLO (Esteban).

288 — Enfants mangeant des fruits.

NATOIRE.

289 — Persée et Andromède.

PANNINI (école de).

290 — Monument.

PARADIS.

291 — Intérieur de chambre à coucher.

PATENIER.

292 — Sainte Famille, composition du xvi⁰ siècle.

PORBUS.

293 — Portrait de Marie de Médiçis.

PRIMATICE (école du).

294 — Portrait de la duchesse d'Étampes.

PRUD'HON.

295 — Deux jeunes enfants, dans sa première manière.

REMBRANDT (d'après).

296 — Tête de vieillard.

RENOUX.

297 — Intérieur de couvent.

ROTTENHAMER ET VINCKENBOOMS.

298 — Paysage orné de figures.

RUBENS (école de PIERRE-PAUL).

299 — Sujet allégorique des maux de la guerre.

DE LA MÊME.

300 — Daniel dans la fosse aux lions.

SAUVAGE.

301 — Amours, peinture en grisaille.

TROY (François de)

302 — Sainte Vierge et l'Enfant Jésus.

VANNI (François).

303 — Tête de sainte femme.

VELASQUEZ.

304 — Portrait de Marie-Thérèse d'Autriche, fille de Philippe IV d'Espagne.

VÉRONÈSE (école de Paul).

305 — Jeune femme se mirant dans une glace, qu'un amour lui présente.

LE MÊME (d'après).

306 — Deux tableaux, sujets allégoriques.

VISCHER (Jean).

307 — Portrait d'une personne de distinction ; costume du XVIᵉ siècle.

WERF (Van der).

308 — Catherine d'Aragon.

Pastels, Dessins et Aquarelles.

BLAISOT.

309 — Quatre dessins à la mine de plomb ; paysages ornés
de faisans coloriés.

BONNINGTON.

310 — Vallée et village d'Harfleur.   (Aquarelle.)

BRÉE D'ANVERS (Van).

311 — Le Cauchemar d'une religieuse. (Gouache.)

CARÊME.

312 — Dessin aux crayons rouge et noir, Bacchante et
amours.

CHARLET.

313 — Trois dessins à la plume. Deux soldats de la vieille
garde et un campagnard. (Seront vendus séparément.)

CLOUET, DIT JANET.

314 — Dessin aux crayons rouge et noir. Portrait du con-
nétable de Montmorency.

DAVIES.

315 — Deux paysages à l'aquarelle.

DECAMPS.

316 — Portrait de jeune Algérienne, au bistre.

FINART.

317 — Paysanne, à l'aquarelle.

FLEURY (Robert).

318 — Marine. (Aquarelle.)

GREUZE (d'après).

319 — Tête de jeune fille. (Pastel.)

HAUDEBOURT-LESCOT.

320 — Jeune femme battant le beurre. (Aquarelle.)

HUNT.

321 — Miss Roberts. (Gouache.)

INCONNU.

322 — Tête de sainte Vierge. (Pastel.)

INCONNU.

323 — Dessin au bistre. Les Barricades de 1648 ; épisode du président Molé.

JOHANNOT (Alfred).

324 — Dessin gouaché.

KELLIN.

325 — Vue de la ville de Rouen. Dessin à la mine de plomb.

DU MÊME.

326 — Deux paysages à l'aquarelle.

MALLET ET AUTRES.

327 — Album contenant des aquarelles et des dessins.

MERSON (Olivier).

328 — Paysan breton au bord de la mer.   (Aquarelle.)

MONTFORT.

329 — Halte de hussards.   (Aquarelle.)

MORLET (Arthur).

330 — Vue d'Algérie.   (Dessin à la mine de plomb.)

NATTIER.

331 — Portrait d'Adélaïde de Bourbon.   (Pastel.)

PELLETIER.

332 — Très-beau dessin, paysage à la mine de plomb.
Vente du Palais-Royal, 1851.

VALIN.

333 — Tête de Bacchante.   (Pastel.)

VINCENT.

334 — Dessin à la plume. Sully blessé à la bataille d'Ivry.

335 — Dix sept dessins et aquarelles par différents maîtres.
Seront vendus par lots.

Renou et Maulde, imprimeurs de la Compagnie des Commissaires-Priseurs,
rue de Rivoli, 144   12961

RENOU ET MAULDE

Imprimeurs de la Compagnie des Commissaires-Priseurs

RUE DE RIVOLI, 144